RÉFLEXIONS

SUR LA NÉCESSITÉ

D'ÉLOIGNER DU COMMANDEMENT

DES LÉGIONS

LES HOMMES DITS DU MOUVEMENT,

QUI PAR LEUR OPPOSITION SYSTÉMATIQUE

Au Gouvernement actuel entretiennent des germes de discorde dans l'État, et apportent sans cesse de nouveaux obstacles au rétablissement de la confiance et du commerce, source unique du bonheur de la France, jouissant d'une sage liberté.

Par DELATTE,

EX-MARÉCHAL-DES-LOGIS-CHEF AU 31e CHASSEURS A CHEVAL,

LIEUTENANT DE VOLTIGEURS AU 3e BATAILLON, 6e LÉGION.

PARIS.

—

JUIN 1831.

IMPRIMERIE DE J. SMITH,
Rue Montmorency, N° 16.

RÉFLEXIONS

SUR LA NÉCESSITÉ

D'ÉLOIGNER DU COMMANDEMENT

DES LÉGIONS

LES HOMMES DITS DU MOUVEMENT.

MESSIEURS ET CHERS CAMARADES,

AVANT de vous soumettre mes réflexions sur un sujet aussi important, je crois devoir vous prévenir (et il vous sera facile de le reconnaître en me lisant), que, sorti tout jeune encore de dessus les bancs d'une école secondaire pour aller prendre mon rang parmi les défenseurs de la patrie, je n'ai pas la prétention ridicule de faire de l'éloquence : ce n'est point au bivouac qu'on apprend l'art de bien dire ; mais bien celui de marcher à la voix de l'honneur !... N'ayant d'autre but que de faire connaître la vérité sur différens points qui peuvent nous éclairer mutuellement dans notre choix, j'aime à me persuader que vous pensez assez bien de moi pour que vous n'attribuiez pas à une misérable envie de places, les quelques lignes que j'ai cru devoir confier au papier. Rentré dans mes foyers, en 1815, avec la fortune d'un soldat, un porte-manteau et un sabre, je me trouve heureux de ne devoir qu'à mon travail manuel et à mes sueurs l'indépendance qui fait ma félicité et celle de ma famille, pour que je sois jamais tenté de courir après une place!... Quant aux honneurs.... les journaux de l'opposition assurent qu'il existe au ministère un nombre considérable de demandes pour obtenir les insignes de la Légion-d'Honneur!... Ces demandes, disent-ils, sont faites en secret, par certaines personnes qui, en public, ont voté pour un refus avec remercîment au Roi.... Mais je défie tous ces journaux de me prouver une pareille turpitude! Je vais plus loin, je les défie de me prouver que j'aie écrit une seule ligne pour faire connaître que je ne désirais pas l'étoile de l'honneur, quoique je sache que c'est aujourd'hui un moyen tout aussi efficace qu'un autre pour l'obtenir, quand le ministère croit devoir vous accorder cette faveur!...; exemple, M. Bonjour.

Je dois dire aussi, en passant, que ce n'est pas en haîne des hommes, pour lesquels je ne saurais raisonnablement en avoir, que je prends la parole; car, n'ayant aucun mauvais procédé à mon égard à leur reprocher, il serait superflu de vouloir m'excuser ici de ce qui n'est jamais entré dans ma pensée!...

M'accusera-ton de ne point sentir le véritable amour de la patrie? certes, je me croirais permis de rappeler mes services à ceux qui pourraient en douter. Je rappellerais la part active que j'ai prise aux combats de juillet, non pas partout, et à la même heure, comme nos intrépides; mais en un seul quartier, et sous les yeux de mes concitoyens avec lesquels j'ai combattu.

Et depuis, messieurs, m'aurait-on vu, par hasard, manquer à un seul rappel de mon bataillon ou d'un autre? N'ai-je point fait partie de toutes les souscriptions vraiment patriotiques en faveur des *Français*, *Grecs* et *Polonais*? N'ai-je pas voté même pour l'érection du *vase monumental*, que je crois au moins inutile à la gloire du général Lafayette? N'ai-je pas proposé à ma compagnie le don éminemment patriotique d'un hussard, que j'ai eu la joie de voir voter et présenter à l'unanimité? Ne me suis-je pas mis à la disposition du gouvernement en cas d'une invasion étrangère? N'ai-je point souscrit à l'emprunt national? J'oserai donc me dire, Messieurs, patriote sans peur et sans reproche, et, à ce titre, je crois qu'il doit m'être permis de parler sans détour à mes amis comme à mes ennemis....

J'aborderai donc franchement la question, et je vous demanderai : Quelle a été l'intention du législateur dans la création de la garde nationale? Me tromperais-je en pensant que son but a été de maintenir l'ordre à l'intérieur, d'assurer l'exécution du nouveau pacte fondamental et des lois qui en découlent? Me tromperais-je en pensant que son but principal a été d'avoir un corps d'élite en réserve pour combattre les ennemis de la France, et les forcer au besoin à respecter l'intégrité de notre territoire?...

Examinons scrupuleusement si notre colonel et lieutenant-colonel sont aptes à remplir les vues bienfaisantes du législateur....

C'est à vous, Messieurs, que je veux laisser juger

M. de Corcelles... Cette tâche ne vous sera pas difficile ; car il a pris assez de soin lui-même de se faire
connaître dans les monosyllabes quelque peu parle-
mentaires qu'il a laissé échapper çà et là, comme
par lambeaux, à la Chambre des députés ; monosyllabes insignifians d'ailleurs, mais qui, du moins,
par le temps qui court, lui vaudront l'avantage
inappréciable de ne pas passer pour un Tartuffe politique....

Je pourrais vous rappeler encore la sortie qu'il a
faite au nom de la sixième légion, qui ne s'en doutait
guère, lors de notre visite chez M. le ministre Monta-
livet, sortie qui fut désavouée et contre laquel'e
protestèrent une partie des honorables officiers qui
l'apprirent, et retournèrent auprès du ministre à cet
effet ; mais je crois que cela devient inutile, puisque
M. de Corcelles a perdu, je crois, toute espèce de
chances : c'est du moins un honorable citoyen qui se
dessinait franchement et qui ne trompera personne.

Quant à son ami, M. Bonjour, dont je ne con-
nais pas les antécédens privés, mais dont la réputa-
tion de probité est telle, que je n'hésiterais pas un
instant à lui confier le fruit de mes sueurs, je ne
lui confierais pourtant pas une patrouille de quatre
hommes dans un moment de trouble politique... Et
si vous me demandez la raison de cette manière de
penser, je vous dirai que je suis moralement con-
vaincu que, lorsqu'on a l'honneur d'être appelé
par la patrie pour apaiser ces mêmes troubles qui la
déchirent, il faut être impassible comme la loi qui
ordonne, et que, dans ce cas, les hommes de parti

ne peuvent remplir qu'imparfaitement leur devoir, même en supposant qu'ils fassent violence à leur manière de penser..... Ne croyez pas, Messieurs, qu'en parlant de la sorte, j'aie l'intention hostile de révoquer en doute le patriotisme de M. le lieutenant-colonel; telle n'est pas ma pensée, et cela est si vrai, que si l'ennemi menaçait le sol sacré de mon pays, j'aurais pleine confiance en lui, et je lui accorderais volontiers un régiment pour tenir tête aux hordes étrangères;... mais pour être chef de légion à l'intérieur, où les passions fermentent de toutes parts, j'en suis bien fâché, mais c'est malgré moi, je ne me sens pas le courage de lui accorder une confiance aussi marquée.

Quand on veut être vrai, il faut être juste : or, on ne saurait nier, sans trahir la vérité, que M. Bonjour s'était fait une certaine popularité dans la légion par ses manières douces et affables, et surtout par cette aménité polie et délicate qui plaît tant à tout le monde, et que moi-même j'ai eu l'avantage de pouvoir apprécier le premier[1]. De plus son activité (qualité qui d'ailleurs est assez commune aux hommes de l'association) ; son activité, dis-je, pour l'organisation des compagnies, pour procurer des armes à la légion, pour perfectionner son instruction personnelle et celle des officiers, en les faisant manœu-

---

[1] Le jour même de l'arrivée de M. Bonjour à la légion, j'eus l'honneur de l'accompagner dans sa première ronde de nuit pour lui faire connaître tous les postes, et je lui dois la justice de dire que ce fut dans cette circonstance que je reconnus en lui les qualités les plus aimables.

vrer au *cordeau;* tout cela, et puis je ne sais quoi encore, lui avait valu des éloges mérités ; d'où il suit que M. le comte de Lobau, en lui faisant donner la décoration de la Légion-d'Honneur, n'a fait que solder la dette de la légion ; et je pense, moi, que le ministère a bien fait de forcer sa conscience en lui en accordant les insignes, malgré ses respectueuses remontrances, pour qu'on ne prodiguât pas trop un honneur que, disait-il, il ne croyait pas mériter lui-même [1]. Mais que le ministère y prenne garde ; il se trompe, s'il a cru récompenser le dévouement de M. Bonjour au roi et à la charte, que le journal favori du même M. Bonjour qualifie polîment [2] *de replâtrage*, et aux lois votées par les chambres, qui elles-mêmes ne sont pas épargnées, et sont appelées fort polîment encore *les exécrables chambres* par des amis de M. Bonjour. Et c'est ici, Messieurs, que je crois qu'il est de notre intérêt, comme de notre devoir, de signaler une erreur qui pourrait avoir des suites fâcheuses, et en même temps d'aviser aux moyens de mettre à notre tête un chef dont les opinions soient en harmonie avec celles de la grande majorité des citoyens composant la légion, et qui tous, j'en suis sûr, ne demandent au gouvernement du roi, en échange des sacrifices qui leur sont imposés par la patrie, que d'assurer avec sagesse les libertés qu'un roi parjure nous a forcés de reconquérir les armes à

---

[1] C'est du moins, si je ne me trompe, le sens de la lettre qu'il avait écrite au sujet des croix que le roi voulait décerner.

[2] *La Tribune.*

la main ; de protéger les arts , les sciences et le commerce , et par là de mettre fin à toutes nos dissidences qui ne manqueraient pas tôt ou tard de causer notre ruine totale.

Je vous prierai d'observer que la première fois où je crus remarquer que M. Bonjour appartenait à *l'opposition systématique*, ce fut à l'occasion des troubles de la nuit du 18 au 19 novembre 1830 [1]....

[1] Il n'est pas facile de connaître, du premier abord, les vrais principes de M. le lieutenant-colonel, près duquel le dernier qui parle paraît toujours avoir raison ; plusieurs fois déjà je m'étais permis de penser qu'il n'était pas tel que je l'eusse souhaité, et j'eus la franchise un jour de lui manifester ma façon de penser : il me répondit, avec cette manière polie et presque entraînante qui lui sied si bien : «Non, M. Delatte, vous vous « trompez, je ne suis pas républicain ; mais dans mon grade « je suis obligé d'entendre tout le monde, et je ne puis re- « pousser de l'état-major de la légion les six ou sept offi- « ciers qui vous paraissent républicains.—Je sais, colonel, « que s'ils se le disent un jour, ils se rétractent le lende- « main ; témoin la scène de l'allocution de l'un de leurs « chauds partisans chez M. de Tracy, où il fut généralement « admonesté par tous les officiers de la légion, au nom des- « quels il avait eu la hardiesse de prendre la parole. Alors ils « protestèrent qu'ils n'étaient pas républicains, mais qu'à la « moindre apparence de troubles, ils s'en feraient un titre de « gloire. L'un est agent d'affaires, et il croit bonnement que « les intérêts de l'État doivent se diriger comme il dirige les « siennes ; l'autre est un artiste qui s'imagine parvenir au « beau idéal des institutions démocratiques (témoin son pro- « jet de loi d'élections) ; celui-ci pense, etc. , etc. Je sais que « vous me direz qu'il est possible que tous ces honorables « citoyens se trompent, mais qu'ils n'ont aucune mauvaise

Je m'étais porté au secours du petit poste de la Gaillotte, menacé par ces hommes que je ne qualifierai point, mais pour lesquels les journaux *La Révolution* et la *Tribune* surtout, ont une prédilection presque exclusive. Je suivis leurs mouvemens jusqu'au Château-d'Eau, et ce fut là que je rencontrai le lieutenant-colonel.... Il me donna l'ordre de flanquer l'émeute et d'observer tous ses mouvemens. Arrivé sur la place du Palais-Royal, je fus saisi d'indignation en entendant les vociférations atroces de ces factieux.... Poussé alors par un sentiment de patriotisme, et animé par l'élan généreux du petit nombre de voltigeurs que je commandais, ne recevant d'ailleurs aucun ordre, et n'apercevant sur la place aucun officier supérieur d'état-major dont je puisse prendre les instructions, je pris sur moi, après m'être assuré que les autres détachemens me seconderaient au besoin, je pris sur moi, dis-je, de

« intention. » Jamais je ne leur en prêterai, mais je combattrai toujours leur système, comme ils combattent ce qu'ils appellent ma doctrine : et tant qu'ils me désigneront sous le titre d'*enragé modéré,* je les désignerai sous celui *d'enragés républicains....* Et voilà, comme avec des mots on se divise et on parvient à semer le germe des dissensions civiles entre des citoyens recommandables qui au fond veulent la même chose ; mais avec cette différence que les uns, plus sages, désirent le bien et l'attendent avec calme et patience, tandis que les autres, avec une précipitation qui n'a pas de nom, veulent tout bouleverser, et à la moindre résistance qu'on leur oppose, ils ne craignent pas de vous menacer du peuple souverain auquel ils ravissent sa souveraineté, en faisant semblant d'en disposer comme d'une propriété......

commander la charge, et, en un clin d'œil toute la
rue Saint-Honoré fut balayée!.... De plus, ma dé-
marche, que vous me permettrez de nommer sage-
ment audacieuse, procura l'arrestation immédiate
d'un grand nombre d'individus sans aveu qui fai-
saient partie de ce ramas impur de perturbateurs,
que la vue seule de nos baïonnettes avaient épou-
vantés..... Tout étant rentré dans le calme à trois
heures et demie du matin, je rentrai tranquillement
au sein de la légion, non sans avoir laissé à l'état-
major un rapport circonstancié, et sur l'ordre que
j'avais reçu du lientenant-colonel et sur l'issue favorable de mon heureuse témérité. En revenant dès le
matin à la légion, je vous avouerai franchement,
Messieurs, que je croyais avoir droit à un faible té-
moignage d'estime de la part du lieutenant-colonel.
Combien je fus trompé dans mon attente! Au lieu
d'éloges, je ne reçus que l'accueil le plus froid, et
l'on me dit sèchement que j'avais bien fait, puisque
j'avais réussi;..... mais que les moyens que j'avais
cru devoir employer pouvaient compromettre le détachement que je commandais; en un mot, qu'il fal-
lait avoir des ménagemens pour le peuple, et autres
phrases philanthropiques, si l'on veut, mais qui se-
ront toujours un non sens pour moi, surtout lorsqu'il s'agira d'appeler peuple cette tourbe ignoble
d'individus qui vocifèrent des cris de vengeance et
de mort sous les fenêtres du monaque citoyen, notre
élu, et qui devaient nécessairement remplir d'effroi
l'ame sensible de la reine et de la jeune famille, es-
poir de la France. Aussi, loin de mettre la conduite

du détachement à l'ordre du jour pour faire naître une noble émulation, comme cela se pratique à l'armée, lorsqu'un officier rend compte d'une affaire de reconnaissance, où ses hommes ont montré le courage et le sang-froid des braves, un officier de l'intimité du lientenant-colonel fut chargé de la rédaction du rapport, on ne peut pas plus inexact, j'ai presque dit mensonger, qui fut publié dans les journaux; et ce ne fut que le 26 du même mois que, supplié par tout mon détachement indigné, je pus rétablir scrupuleusement les faits suivant la stricte vérité.

Ne paraissant jamais à la mairie que lorsque j'y suis appelé par mon service, n'attendez pas de moi, Messieurs, des renseignemens positifs sur le but de la réunion presque continuelle de quelques officiers de la légion qui se disaient exclusivement les vrais patriotes, et dont deux ou trois étaient membres de la commission des récompenses avec MM. Guinard et Cavagnac..... Je l'ignore, et je veux bien croire qu'il est au-dessus de toute atteinte; mais il ne m'en paraît pas moins étonnant de voir ces officiers faire partie en toute occasion du petit comité de M. Bonjour. Ne les ayant jamais connus dans les relations commerciales ou administratives, il est de mon devoir de ne leur supposer que des antécédens fort honorables; mais le système politique qu'ils ont adopté ne me paraît pas propre à rétablir l'ordre et cette paix intérieure qui nous est si nécessaire, cette confraternité de pensées et d'intérêts sans lesquels il est impossible à nous autres, *pauvres aristocrates aux gros* sous, *enragés modérés*, patrouilleurs infatigables[1], de faire marcher nos ateliers, enrichir nos magasins et doter nos enfans!.... Aussi cette divergence d'opinion nous vaut-elle de temps en temps quelques quolibets, ou plutôt des reproches amers de la part de ces messieurs.... Qu'il me soit permis d'en citer quelques traits :

« Il est bien étonnant, me disait dernièrement
« l'un d'eux, que toi, citoyen patriote, qu'on a vu
« prendre les armes pour renverser la tyrannie,
« fermes les yeux sur ce qui se passe autour de
« nous. Ne vois-tu pas que la garde nationale elle-
« même perd la liberté, et que, sans votre *modéran-*
« *tisme* (enragé, bien entendu), nous obtiendrions
« toutes les conséquences du brillant programme
« de juillet? Eh quoi! le sang de juillet ne dit donc
« plus rien à ton cœur de juillet? Les hommes de
« juillet ne seraient-ils plus tes amis de juillet? La
« poussière ou le soleil de juillet t'auraient-ils aveu-
« glé au point de ne plus voir le véritable patrio-
« tisme qui anime les héros de juillet? Songe donc,
« mon ami, que les pavés de juillet sont à peine
« replacés!... »

Un autre demande quarante intrépides comme lui, et se charge de marcher contre la Chambre des députés pour lui aller sans doute dicter des lois patriotiques, l'épée à la main....

Un troisième, à l'occasion des troubles de février,

---

[1] C'est sous ces noms que ces messieurs désignent les enfans du commerce et de l'industrie.

qui nous ont donné le triste spectacle du Vandale démolissant dans sa rage aveugle, s'écrie : *Tant mieux !* laissez-les faire ; nous les arrêterons quand nous voudrons ; et il s'imagine, avec son misérable *tant mieux* et sa bonne volonté future, être déchargé tout-à-fait de la dette qu'il a contractée envers la patrie….

Celui-ci, à l'occasion du jugement des ministres coupables du roi parjure (circonstance critique s'il en fut jamais, puisqu'elle était attendue par tous les perturbateurs du repos public, comme un moment favorable pour l'exécution de leurs sinistres projets), refuse, je ne sais pourquoi, de prendre les armes, et exhorte ses camarades à l'imiter dans sa honteuse défection ; ce qui n'empêche cependant pas les hommes de sa compagnie de remplir leur devoir d'honnêtes citoyens, en bivouaquant pendant trois jours consécutifs pour maintenir l'ordre et commander le respect à la chose jugée, quel que puisse être le résultat qui sorte du jugement des pairs de France.

Celui-là, intrépide d'une autre façon, s'écrie, dans plusieurs circonstances : Mes grenadiers ne marcheront pas sans mes ordres, ou je donnerai ma démission ! Mes grenadiers ! mes grenadiers ! Mon camarade, lui répondrai-je : prenez-y garde ; vos grenadiers, dont vous paraissez mal à propos disposer comme de votre propriété personnelle, pourraient bien quelque jour vous donner la revanche ; car chacun d'eux peut devenir un excellent capitaine !….

Cet autre, qui la veille de la démission bien volon-

taire du général Lafayette, l'accablait des plus gros-
sières injures, en voulant faire entendre qu'il n'avait
pas assez d'énergie, se répandit dès le lendemain en
jérémiades de commande. Il ne pouvait concevoir
l'affront fait aux vénérables cheveux blancs du noble
vétéran de la liberté!.... Le pauvre diable! Il ne
s'apercevait pas que ses doléances étaient entendues
par les mêmes hommes qui avaient écouté si impa-
tiemment les insultes de la veille, et que s'il avait
la bonhomie tout-à-fait risible de les prendre pour
des imbéciles, ils le regardaient de leur côté, en haus-
sant les épaules, comme un charlatan politique!....

Enfin, un sixième intrépide s'écrie à tue tête, et
cela devient un peu plus sérieux! Ecoutez bien, messieurs!.... Vos prêtres, dit-il, vos carlistes, tant que
vous n'en f..... pas vingt mille sur le carreau, cela
n'ira pas bien! A cette exclamation extravagante,
je réponds froidement : qu'on les arrête, mon ami;
qu'on procède à leur jugement d'une manière con-
forme aux lois, et le jury ayant une fois prononcé
sur leur culpabilité je ne m'opposerai nullement à
leur exécution! Encore des niaiseries du juste mi-
lieu, me répond-il; vous n'en finirez pas avec ce
modérantisme! Je le vois, il vous faut aussi des ri-
gueurs salutaires!.... Et voilà, Messieurs, ce que des
hommes, estimables d'ailleurs, appellent le conséquences de juillet!

Je n'en finirais pas si je voulais raconter les mille et
une folies de l'esprit de parti, qui veut tout convertir
à lui; de cette demi-douzaine d'intrépides républicains, qui s'en font gloire au jour du danger, et qui

le lendemain, quand l'émeute est terrassée, pré-
tendent qu'on les calomnie, ou qu'on est injuste de
leur refuser la part qu'ils ont eue à la victoire.

Or, Messieurs, pouvez-vous croire qu'un lieutenant-colonel qui ne partagerait pas des erreurs aussi
monstreuses que celles dont je viens de tracer une
faible esquisse, s'oubliât au point de s'entourer
presque exclusivement des hommes qui les professent
hautement! et lors même que la souscription à l'association patriotique ne me confirmerait pas dans
mon opinion, la conduite qu'il tînt au mois de décembre serait plus que suffisante pour nous en con-
vaincre.

On ne tarde pas à savoir, pour ainsi dire officiel-
lement, qu'il y aura une émeute!.... A cette nouvelle, on veut s'assurer si les compagnies sont dispo-
sées à maintenir le bon ordre, quand même!....
doute outrageant pour la garde nationale, qui n'a
daigné répondre à cet affront, qu'en redoublant de
zèle pour la sûreté publique. On assemble à cet effet
les capitaines des compagnies, et cette réunion est
présidée par M. de Caylus, maire de l'arrondisse-
ment, qui s'adjoint MM. les colonels. Un de ces honorables membres, impatient d'ouvrir la séance,
aborde brusquement la question : toutefois il a soin
de semer son exorde de quelques-uns de ces mots
fastueux qu'on est convenu d'appeler *mots à effet ;*
après avoir essayé ainsi de capter l'attention bien-
veillante de son auditoire, il dit : « Déjà plus de qua-
« rante hommes de ma compagnie m'ont assuré qu'ils
« ne marcheraient pas si les ministres n'étaient point

« condamnés à mort, et je suis persuadé qu'il en
« est de même dans toutes celles de la légion .» Ce
capitaine eut la franchise de me dire, après les
émeutes de décembre vaincues, qu'il savait bien que
sa compagnie marcherait, mais qu'il avait eu l'intention seulement d'effrayer les Pairs de France,
qui sans cela, prétend-t-il, auraient acquitté les ministres. Un autre du même sentiment que le préo-
pinant, affirme la même chose, et les six intrépides
allaient jeter l'alarme et peut-être la division dans le
sein de cette assemblée, lorsque je demandai la parole. Ce fut alors que dans une courte allocution,
qui, je l'avoue, dénotait plutôt le soldat nourri dans
les camps, que la politesse d'une polémique parle-
mentaire, je crus prouver évidemment que les honorables citoyens qui venaient d'émettre leur avis,
avaient plutôt consulté leur opinion personnelle que
celle de leur compagnie, ce qui scandalisa fort ces
Messieurs, et ce qui me valut d'être rappelé à l'ordre !... mais sans me laisser intimider, j'affirmai tout
le contraire de ce qu'on venait d'entendre, et j'eus
la satisfaction d'être fortement appuyé par la presque
totalité des officiers de la légion. Du reste, les événemens ont pris soin de justifier la justesse de mes
assertions. Le colonel ayant cru devoir lever la
séance fit entendre ces paroles : *Je pense, d'après ce
que je viens d'entendre, que l'on fera ce qui sera hu-
mainement possible pour maintenir l'ordre, après quoi
nous ne serons plus responsables des événemens.* Voilà,
je crois, ce qu'il eût fallu faire en pareille circonstance. D'abord on n'aurait pas du provoquer cette

réunion qui parut tout au moins inutile; le colonel devait s'écrier avec enthousiasme, à la tête de la brave 6ᵉ légion : Je défie les faiseurs d'émeutes et leurs agens, et je compte trop, Messieurs, sur votre patriotisme éprouvé, pour douter qu'aidé de vos généreux efforts, l'ordre public, sans lequel il n'y a point de sage liberté, puisse être un seul instant en péril. Voilà ce qu'il aurait fallu dire, voyons ce qu'il advint de la conduite contraire.

L'émeute prévue et annoncée arrive; on crie aux armes de toutes parts; et M. de Corcelles, sans oublier de mettre dans sa poche son cher projet de loi électorale, se met à la tête de sa légion. Il se plaint à plusieurs jeunes gens de l'Ecole de droit qui n'avaient pas leur carte au chapeau, et qui étaient réunis sur la place de l'Odéon; il se plaint, dis-je, amèrement du refus que fait la Chambre de ne point vouloir mettre en discussion *cette autre loi d'amour*... S'apercevant tout aussitôt que je fais partie de ses auditeurs, et connaissant mes sentimens, il change de langage, et me donne un ordre que je m'empresse d'exécuter. Je retournai à la légion. Bientôt après arrive un garde national connu de tous ceux qui se trouvaient à l'état-major. Il était tout en sueur, et l'agitation peinte sur sa physionomie annonçait un homme fortement pénétré d'un grand danger. Il dit à M. Bonjour que le colonel avait reçu l'ordre de l'état-major de la place de faire venir au plus vîte un bataillon de renfort; qu'il fait partie de ce bataillon, qui peut à peine se maintenir dans sa position, et assure que si on ne lui envoie point un prompt secours, il court grand risque d'être enfoncé. En un mot, que M. de Corcelles l'envoie pour communiquer cet ordre à M. Bonjour. Quelle fut la réponse de M. le lieutenant-colonel à une injonction aussi formelle? Se retranchant derrière la stricte et sévère observation des lois militaires, il ne voulut pas bouger de sa place, sans qu'au préalable il n'eût un ordre écrit. Il se contenta d'envoyer un adjudant pour s'informer du fait, et lui rapporter un ordre écrit et signé. Telle ne devait pas être la conduite de M. le lieutenant-colonel. Voici, selon moi, ce qu'il devait penser, ou du moins ce que j'aurais pensé à sa place; il est impossible qu'un citoyen recommandable joue la comédie à ce point et veuille mystifier tout un bataillon; il faut donc que l'ordre verbal qu'il m'apporte soit exécuté; il est vrai qu'il y a un vice de forme, mais c'est M. de Corcelles qui doit en demeurer responsable. Puis j'aurais dit : J'ai trois bataillons, deux à domicile et un en réserve dans la cour et sous les armes; je vais faire battre le rappel pour un bataillon (c'était le troisième); aussitôt qu'il sera à moitié réuni, dans une demi-heure je ferai marcher le bataillon de réserve, et j'écrirai en ces termes à l'état-major :

« Mon Général,

« Je reçois un ordre verbal du colonel, qui m'annonce
« que vous demandez un bataillon : je regrette que cet ordre
« n'ait pas été signé ; mais dans cette circonstance difficile,
« où une seule minute de retard peut compromettre la cause
« de l'ordre public, je n'ai pas cru pouvoir apporter trop de
« célérité à sa prompte exécution, d'autant plus que j'ai
« encore deux bataillons en disponibilité : un à notre état-
« major et l'autre à domicile. »

Voilà ce que j'aurais fait : me serais-je trompé en agissant de la sorte ? j'ai peine à le croire, Messieurs, quoique je vous en laisse les juges absolus ; mais ce qui n'est pas difficile à comprendre, c'est que la conduite de M. le lieutenant-colonel, dans cette occasion, annonce pour le moins une grande froideur pour notre gouvernement actuel, dont le ministère, quel qu'il puisse être, sera toujours en but aux traits envieux des mécontens, qui visent soit aux ministères, soit aux places, soit aux honneurs, soit à une vaine popularité qu'on finit par perdre tôt ou tard, surtout lorsqu'elle n'est que l'ouvrage de l'enthousiasme d'un moment, et qu'elle n'est pas fondée sur de sages principes.

Enfin, le 3ᵉ bataillon est lui-même rappelé ; mais en revenant de prévenir les voltigeurs de mon peloton, j'ai la douleur d'apprendre que le capitaine d'une belle et nombreuse compagnie, à l'exemple de son lieutenant, et paraissant être sous l'influence de conseils perfides, refuse de prendre les armes. Je m'assure du fait, j'aperçois même plusieurs chasseurs armés qui paraissait attendre les événemens. Je cours en toute hâte à la légion où je trouve M. Bonjour, attendant avec une tranquillité plus que stoïque, l'arrivée des gardes nationaux. Je lui dis : Colonel, un capitaine du bataillon paraît retenir sa compagnie de prendre les armes !... J'attends sa réponse ; mais, dit-il, on a battu le rappel..... Colonel, il paraît que cela ne suffit pas pour ce capitaine, je vous prie en conséquence de me permettre d'aller le trouver de votre part. Eh bien !

allez! Je cours; et avec cet accent du patriotisme qui vaut mieux que l'éloquence : Capitaine, lui dis-je, ou vous ne comprenez pas le mandat honorable que vous avez accepté, en recevant les épaulettes que vous portez (pardon de ma franchise, mais ce n'est pas ici le lieu de nous complimenter), ou vous êtes égaré par de perfides conseils! Ecoutez la voix d'un concitoyen; je viens de la part du lieutenant-colonel vous sommer de faire prendre les armes à votre compagnie.... De la part du lieutenant-colonel Bonjour dites-vous? Oui, et pourquoi cet étonnement? Pour rien.... Mais votre parole d'honneur! Je vous la donne..... Il suffit. Il fait aussitôt un pas hors de sa boutique: amis! s'écrie-t-il, aux armes! Je suis à vous, et en un moment la compagnie qui manquait au bataillon était une des plus complètes. Or, Messieurs, pourquoi ne pas exiger à l'instant même la démission d'un citoyen qui manque à ce point à ses devoirs! Pourquoi? Ecoutez et soyez instruits. C'est que demain, à l'occasion de la retraite volontaire de notre Général en chef, on désorganisera la garde nationale en donnant sa démission [1], en provoquant les capitaines à donner

---

[1] Le lieutenant-colonel donnait pour motif de sa démission, *la presque assurance que le peuple marcherait contre les Chambres, et qu'alors il n'était pas dans ses principes de compromettre la légion avec le peuple.* Le peuple! quelle pitié! ce n'est point nous, enfans de l'industrie, artisans laborieux ou marchands de rubans, qui croyons qu'il est de notre devoir de négliger nos affaires pour maintenir le bon ordre! mot assommant pour le parti du mouvement. Le peuple;

la leur; et cela, Messieurs, dans un moment ou l'anarchie était flagrante et ou la patrie se couvrait d'un crêpe funèbre!... Pauvre dupe, croyant bonnement que le lieutenant-colonel était entraîné vers l'abîme par nos intrépides impatiens, je le conjurai, les larmes aux yeux, de reprendre son commandement, de renoncer à nous faire signer cette protestation au Roi, qui, comme vous le savez, n'a eu aucune suite, par le désaveu de la presque totalité des hommes respectables qui composent le corps d'officiers de notre légion!...., et cela devait être ainsi, puisqu'il est de principe que toute délibération est interdite aux corps armés.

Ce n'est pas seulement dans les occasions d'une haute importance, où il s'agit du salut de l'État, que perce l'esprit de parti du lieutenant-colonel, c'est encore dans la plus petite chose qu'il le montre. Un crieur de papiers s'époumone, et tout en s'époumonant, il se met en contravention aux lois qui lui défendent de rien ajouter au titre des feuilles qu'il vend sur la voie publique: Voilà ce beau, ce superbe, ce magnifique, cet admirable jugement de la Chambre des Pairs. Vous vous imaginez sans peine, Messieurs, que ce crieur à voix de stentor et se servant de mots emphatiques, amasse autour de lui quelques jeunes gens qui rient de la variante ajoutée. Quelques désœuvrés surviennent selon la

suivant ce parti, se compose de ces honnêtes citoyens qui nous injurient en nous jetant des pierres et de la boue: c'est, en un mot, le rebut de la société pour lequel il a une prédilection presque idolâtre....

coutume, et le nombre allait toujours croissant, lorsque, voulant prévenir un plus grand scandale, et me trouvant en tenue de service, j'ordonnai au crieur de me suivre au poste, ce à quoi il ne parais-rait guère disposé ; car se sentant appuyé d'un de ses acolytes, il se crut assez fort, non plus seulement pour me résister, mais même pour me faire un mauvais parti ; fort heureusement que quelques gardes nationaux qui ne voient pas tout-à-fait le peuple français dans un crieur, mais qui pensent comme moi que le devoir le plus essentiel du ci-toyen est de faire respecter les lois, se présentèrent pour me prêter main forte, et notre homme fut amené. Colonel, je viens mettre à votre disposition un crieur pris en flagrant délit..... Je ne crois pas répond M. Bonjour, que nous ayons le droit d'em-pêcher à cet homme de trouver ce jugement su-perbe, etc., et de le publier comme tel ; je crois donc que vous avez eu tort de le lui interdire !...... Pardon, Colonel, mais je suis loin de penser que le tort soit aussi grave que vous le faites ; toutefois je vais exécuter vos ordres en renvoyant cet homme, ce que je fis à l'instant ; bien entendu que je sup-primai dans l'ordre d'élargissement la réflexion in-concevable du lieutenant-colonel.

Le lendemain de la démisssion du général La-fayette, le gouvernement prévoyant l'effet nuisible que pourrait causer cette nouvelle, sur laquelle le parti avait compté, pour s'en faire une armé de dé-sordre, envoie à la légion, si j'ai bonne mémoire, 1° l'ordonnance du Roi qui élevait au grade de commandant en chef, M. le comte de Lobau ; 2° une proclamation du Roi qui, par la sagesse de sa rédaction était plus que suffisante pour calmer les inquiétudes que nous causait à tous l'inébranlable résolution du vénérable vétéran de l'armée ; de plus, un ordre du jour, émanant du nouveau général. Cette ordonnance, cette proclamation, cet ordre du jour, avaient été tirés à un grand nombre d'exemplaires, il était facile de comprendre que le gouvernement avait senti de quelle importance il était qu'on les distribuât dans toutes les compagnies pour rassurer les esprits alarmés. Le lieutenant-colonel ne le comprit cependant pas, ou ne voulut pas le comprendre, il se contenta de faire distribuer quelques feuilles au bataillon de réserve qui se trouvait dans la salle de l'Amphithéâtre des cours ; et qu'on ne me demande pas mon avis sur un point aussi délicat, car Messieurs, je n'hésiterais pas à qualifier cette conduite équivoque, d'infidélité.

Dans les derniers troubles du Châtelet, ou la 6e légion ne parut pas, ou du moins très-peu, qu'a-t-il envoyé ? le 2e bataillon commandé par son beau-frère, M. Pihan-Delaforest, et M. Boucher, son associé, qui partagent tous deux ses principes, ce qui fait qu'on lui suppose le désir, bien naturel après tout, de faire passer ce de nier, chef de bataillon, et le premier lieutenant-colonel, en sorte que se trouvant investi du commandement suprême de la légion, M. Bonjour exercerait son influence sur un effectif de 7 à 8,000 hommes environ. Or, Messieurs, c'est ce à quoi il faut nous opposer de tout notre pouvoir, sous peine de gêner par notre pusillanimité, la marche du gouvernement, qui certes, n'ignore pas les principes de nos chefs. Ce qui me le fait penser, et croire que nous lui portons ombrage, c'est que nous ne sommes plus maintenant appelés dans les émeutes que lorsque tout est à peu près rentré dans l'ordre. En voulez-vous une preuve ? Rappelez-vous ce qui s'est passé sur la place Vendôme, il y a quelques jours ; rappelez-vous que notre bataillon, toujours si bien disposé à sévir contre les agitateurs du repos public, resta toute la journée du jeudi 12 mai courant dans une complète inaction. Rappelez-vous que contrarié de demeurer dans une oisiveté aussi honteuse, je fis observer à M. Bonjour que nos camarades trouvaient très-étonnant qu'on ne daignât pas même les appeler...... A quoi il me répondit : Que voulez-vous ? les sous-officiers qui ont prévenu le 2ᵉ bataillon, ont déclaré que ce bataillon ne voulait pas marcher pour *aller arrêter des patriotes !*..... Colonel, lui repliquai-je, celui qui vous a dit cela a menti ! Le 2ᵉ bataillon, aussi devoué que les autres, ne compte pas dans son sein des hommes assez lâches pour oublier leur devoir au point de faire une pareille sortie, qui ne fût-elle pas une insulte, serait encore une bévue !.... et bien qu'il soit commandé par le seul chef de bataillon, du *parti du mouvement*, il ne trahira jamais ses devoirs, j'en suis sûr !... Au reste, nommez-moi celui des sous-officiers qui vous a fait sa cour d'une manière aussi impudente, et je vais lui dire en face qu'il a menti !....

Enfin, Messieurs, si le colonel s'absente de Paris,

qui mettra-t-il à la tête de la légion? son beau-frère,
M. Pihan, remplacé lui même par M. Boucher son
associé..... En vérité nous sommes coupables si tant
d'hommes de cœur se laissent commander encore par
des hommes d'honneur, je le veux, et je me plais
à le répéter, mais dont les opinions sont absolu-
ment incompatibles avec les nôtres ; résumons, car
il est temps de mettre fin à ces réflexions, que ceux
donc qui aiment le Roi et la nouvelle Charte, (et
j'aime à croire que nous sommes nombreux), se
réunissent tous pour mettre obstacle aux projets
de cette autre petite association ; ne nous laissons
influencer par personne, pas même par M. le major
de la légion, que des rapports d'amitié font peut-
être aller trop loin sous ce rapport, et votons pour
un candidat dont les opinions soient conformes à
celles de la majorité des citoyens qui composent la
brave 6e légion, candidat vraiment patriote qui
nous soit déjà connu par ses antécédens. Gar-
dons-nous d'accueillir les calomnies qu'on fait cir-
culer sur le compte de ceux qui ont été nos camarades, et dans nos rangs depuis long-temps qui ont
donné des preuves irrécusables de leur dévoûment
à l'ordre public et à la liberté dans les momens
difficiles que nous venons de traverser ; connaissant
nos affections, nos antipathies ; qui savent aussi bien
le service du corps-de-garde que les honneurs du
salon, hommes vraiment populaires, tels que les
Angar, les Billaud, les Aimery, les Lacarrière, les
Miraux, et tant d'autres. Votons, Messieurs, pour
des candidats paisibles comme nous, mais qui, au

besoin, sachent faire preuve d'énergie et se présenter
à l'ennemi les armes à la main ; votons pour des candidats qui n'aient d'autres vues que d'assurer le bon
ordre, protéger le faible, et faire exécuter les lois !
Repoussons loin de nous ces hommes à système
qui n'ont d'énergie que pour tout fronder, se mettre
en opposition continuelle avec l'ordre établi ; ces
hommes qui ne trouvent rien de bien, qui ne voient
que des ennemis ou des tyrans dans tous les rois
de la terre ; ces hommes qui, avec leurs rêves creux
et toujours nouveaux, entretiennent sans cesse la
défiance, entravent les affaires, paralysent les efforts des bons esprits pour opérer le bien de l'Etat,
tracassent le gouvernement avec leurs utopies ridi-
cules et chimériques, qui tôt ou tard finiraient par
nous amener cette guerre contre l'Europe, tant
prêchée, tant désirée par les journaux du mouvement, que la multitude séduite la croit nécessaire
au pays, et que quelques bonnes gens, peu clair-
voyans en caressent volontiers la pensée, sans songer
que les premiers, ils en seraient les tristes victimes,
tandis que tous les prédicans de guerre et d'insur-
rection en profiteraient, pour s'emparer de la direc-
tion des affaires.

Mais réfléchissons, avant de donner nos suffrages
aux citoyens fort honorables sans doute, mais dont
les noms résonnent pour la première fois à notre
oreille, et que nous voyons pour la première fois
dans nos rangs, qui n'ont pour mérite déjà connu,
que leur intimité avec notre lieutenant-colonel, tel
que l'honorable M. Husson, ce qui pour moi n'en

est pas un, puisque je le repète, je crois avoir dé-
montré que M. Bonjour n'était pas l'homme qu'il
nous faut (toujours sous le rapport politique) ; mais,
s'il doit l'être, donnons-lui au moins un lieutenant qui,
par sa modération, qui n'exclut par l'énergie, puisse
prévenir l'effet fâcheux que le gouvernement peut
avoir de la fidèle 6e Légion, qui plus que tout autre,
aspire à la tranquillité intérieure, qui lui fait nourrir
un nombre considérable d'ouvriers quand ses fa-
briques sont en activité.

Messieurs, avec de la bonne volonté et du courage, on fait des miracles ! Nous avons de bons
chefs de bataillon, de bons adjudans-majors ; qu'a-
vons-nous donc besoin d'un colonel qui sache re-
muer des bataillons qui sont rarement réunis en-
semble : cela s'apprend au reste, en bien peu de
temps ; témoin M. Bonjour.

Rallions-nous donc sous la même bannière ;
l'union fera notre force ; mais pour la conserver à
jamais cette union si belle et si désirable, n'oublions
jamais notre chère devise, qui devrait être désor-
mais celle de tous les bons français,

LIBERTÉ, ORDRE PUBLIC.

Vive le Roi, la Charte, et la Liberté vivra.